食品ロス

3

食べ物をすてない工夫

小峰書店

もくじ

この本を読むみなさんへ

監修　小林富雄

　私たちは、日々食べ物を食べて生きています。人間は食べなくては生きていけませんから、食べ物は、人間にとって最も大切なものと言えるでしょう。

　食べ物には、魚介類のように自然からもたらされるもの、野菜やくだもののように人が栽培しているもの、食肉のように人が飼育した家畜から得るものがあります。さらに、さまざまな食材をもとに加工された食べ物や、調理された食べ物もあります。

　日本だけでなく、世界中で毎日毎日、大量の食べ物が生産され、消費されています。その一方で、まだ食べられるものを捨ててしまう「食品ロス」が問題になっています。「ロス」は、「失う、むだにする、損失」という意味ですから、「食品ロス」は、むだになってしまう食べ物のことです。

　日本では、国内で生産される食べ物と、海外から輸入される食べ物の4分の1近くが「食品ロス」になっているという調査があります。また、ほかの国でも「食品ロス」が大きな問題になっています。とても悲しいことだと思いませんか。

　「知ろう！減らそう！食品ロス」のシリーズでは、このような「食品ロス」がいったいどれくらいあるのか、どうして「食品ロス」が生まれるのか、「食品ロス」をなくすにはどうしたらよいのかなどについて考えていきます。

　調べていくうちに、「食品ロス」は、ただもったいないというだけでなく、地球環境や資源の問題とも関係していることがわかってきます。また、食べ物に関する会社や工場、スーパーマーケットやコンビニエンスストアなどの小売店もかかわっていることに気がつくでしょう。それだけに、「食品ロス」は解決することが難しい問題であることもわかってくると思います。

　なによりもみなさんに気づいてほしいのは、「食品ロス」が、私たち一人ひとりに関係しているということです。「食品ロス」について考えることは、私たちがどう暮らしていくかを考えることでもあるのです。

　「食品ロス」を通して、よりよく生きるためにはどうすべきかを考えられるようになってもらえれば幸いです。

「食」のために 私たちにできること

　1巻では、私たちのまわりでも、たくさんの食品ロスが生まれていることを学びました。2巻では、食品ロスを減らすための取り組みについて見てきました。

　食品ロスを減らしていくためには、私たち一人ひとりが、食べ物についてよく知り、考えることが大切です。

　3巻では、「食」に関係した問題について調べ、私たちにできることを考えてみましょう。

いっしょに調べていこう！

未来を変える 17の目標〜 SDGs

SDGs って何？

SDGsとは「持続可能な開発目標」という意味です。"持続可能"とは、みんなのしあわせなくらしがいつまでも続くことをいいます。世界じゅうの人がしあわせなくらしを続けていくために、2030年までに達成しなければいけない17の目標がSDGsです。2015年、国際連合（国連）に加盟する193のすべての国が賛成して定められました。17の大きな目標の下には、「ターゲット」と呼ばれる169の目標が決められています。

SDGsの17の目標

NASA

地球は、人類をはじめ、あらゆる生物がくらす場所。しかし、今、さまざまな問題が起こっている。

「貧困をなくすこと」「地球環境を守ること」など、未来に豊かな地球をつないでいくための17の目標（SDGs）が、2015年、国連に加盟しているすべての国の賛成によって決まりました。「ずっとこの地球で生きていけるように」――みんながしあわせで、よりよい社会をつくろうという取り組みです。

地球のための目標なんだね。

持続可能な社会をめざす

私たちがこれからもずっと地球でくらしていくためには、食料やエネルギー、水などがぜったいに必要です。しかし、これまでのように、資源をどんどん使い、地球温暖化の原因になる物質を出し続けると、地球環境が損なわれてしまいます。

私たちがめざすのは、「地球環境が保たれ、将来の人々が必要とするものを損なわずに開発が進む社会」です。このような社会を「持続可能な（英語でサステナブル）社会」といいます。

17の目標は関連している

SDGsには17の目標がありますが、忘れてはいけないのは、それらの目標が、おたがいに関連し合っているということです。

たとえば、2「飢餓をゼロに」を達成するには、食料のことだけでなく、貧困のこと、水のこと、教育のことなども考えなければなりません。また、食品をつくる会社や食品を買い、食べる消費者も関係してきます。食品ロスの問題も、さまざまな問題とつながっているということを覚えておきましょう。

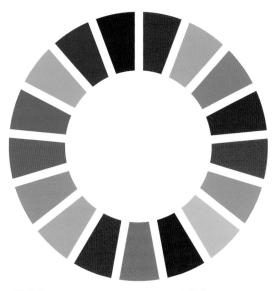

SDGsのカラーホイール。17の目標をデザインした輪（ホイール）。

食品ロスを減らす SDGsの目標

関連するSDGsの目標 ●●●●●●●●●●●●●

SDGsの目標12「つくる責任　つかう責任」で、「小売や消費での世界全体の一人あたりの食料の廃棄を半減させる」としています。これは、店で食品を売るときや、家庭などで使うときの食品ロスを減らすという目標です。

この目標を達成することで、2「飢餓をゼロに」に効果があると考えられます。また、ほかの目標を達成することで、食品ロスを減らすことにつながるとも考えられています。

13 気候変動に具体的な対策を

捨てられる食品を燃やすときに出る二酸化炭素や、うめ立てで発生するメタンをおさえる。

同時の達成をめざす

食品ロスを減らすことを目標（ターゲット）と定める

2 飢餓をゼロに

フードバンクや子ども食堂を通じて、飢えに苦しむ人、栄養不足の人がいないようにする。持続可能な食料生産システムをつくる。

12 つくる責任　つかう責任

効果がある

効果がある

4 質の高い教育をみんなに

食品や食品ロスについての知識や技能を得られるようにする。

効果がある

9 産業と技術革新の基盤をつくろう

産業や技術を高めることで、食品ロスを減らす。

SDGsの17の目標のうちのひとつ、12「つくる責任　つかう責任」の下には、「食品ロスを減らす」という目標（ターゲット）が定められています。そのほかにも、17の目標の中には、「食品ロスを減らす」ことと深いつながりのあるものがいくつもあります。

8 働きがいも経済成長も

やりがいのある働き方をめざし、適正な賃金をしはらうことで、食品をつくる会社や農業などが発展し、経済成長もできる。

**同時の達成を
めざす**

12 つくる責任　つかう責任

小売や消費での世界全体の一人あたりの食料の廃棄を半減させる。
収穫後損失などの生産・サプライチェーンにおける食品ロスを減少させる。

※サプライチェーンとは、「製品の原料の段階から消費者の手元に届くまでのつながり」をさす。

**同時の達成を
めざす**

12 つくる責任　つかう責任

食料資源を持続して使えるように管理し、効率的に利用する。
捨てるものを大はばに減らす。

※同じ目標の中の別のターゲット

効果がある

17 パートナーシップで目標を達成しよう

人や国などが協力して、食品ロスの削減目標の達成をめざす。

SDGsの目標はおたがいに関連しているんだね。

食品ロスと気候の関係は？

13 気候変動に具体的な対策を

捨てた食品を燃やすことでエネルギーをむだに ● ● ●

捨ててしまう食品は、ごみとして処理されます。ごみの多くは、ごみ処理場で燃やされます。食品は水分をふくんでいるため燃えにくく、焼却炉で燃やす場合、その分、エネルギーを多く使うことになります。また、ものを燃やすときに出る二酸化炭素は、地球温暖化の原因になります。

ごみ処理場。

遠くから食品を運ぶことでエネルギーを使う ● ● ● ● ● ● ● ●

食品は、トラックなどの輸送車で運ばれています。また、海外からは飛行機や船で運ばれてきます。トラックや飛行機、船などは、燃料（エネルギー）によって動いています。食品が捨てられれば、その分、別の食品を運ぶことになるため、エネルギーのむだづかいになります。

ものを運ぶためにはエネルギーが必要。また、自動車などからは二酸化炭素が出る。

化石燃料を燃やすと地球が暑くなる

石炭や石油、天然ガスは、大昔の動植物の死がいが変化してできたものです。これらは、生物の化石ともいえるため、化石燃料と呼ばれます。化石燃料を燃やすと、二酸化炭素という気体が発生し、大気の中に出されます。大気ちゅうの二酸化炭素の割合が増えると、熱を保つはたらきが高まり、地球の気温が上がることになります。このようなはたらきを、温室効果といいます。

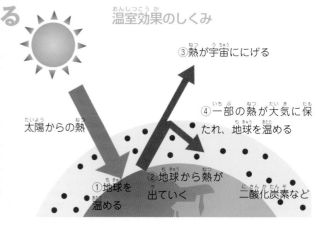

温室効果のしくみ

③熱が宇宙ににげる

④一部の熱が大気に保たれ、地球を温める

太陽からの熱

①地球を温める

②地球から熱が出ていく

二酸化炭素など

食品ロスとSDGsの13「気候変動に具体的な対策を」には深い関係があります。食品ロスを減らすことで、エネルギーのむだづかいを防ぎ、地球温暖化をおさえることができます。反対に、気候変動への対策を達成することで食品ロスを減らすことにつながります。

食料生産のための森林伐採が気候を変える ●●●●●●●●●

　食料の生産量を増やすために、農地を新しくつくることがあります。森林を切り開いて農地にすると、樹木が減ってしまいます。植物には、空気ちゅうの二酸化炭素を吸収するはたらきがあるため、森林が減ると、吸収される二酸化炭素の量が減り、地球温暖化が進みます。
　現在も、南アメリカやアフリカの熱帯地域を中心に森林の面積が減り続けています。

世界じゅうで、多くの森林が失われている。

必要以上の食料生産が気候変動を早める ●●●●●●●●●

　私たちが食べ物を捨てれば、その分だけ余計に食料を生産しなければなりません。必要以上に多くの食料を生産しようとすれば、エネルギーをむだにし、二酸化炭素を多く出すことになります。また、二酸化炭素を吸収する森林を減らすことにもつながります。
　不必要な食料生産をおさえることで、地球温暖化に歯止めをかけることができます。

地球温暖化で、生態系に影響が出る。北極海の氷がとけ、ホッキョクグマがすめる地域がせまくなってしまうのもその例。

食品ロスと気候変動は同時に ●●●●●●●●●

　太陽光、風力、地熱といった再生可能エネルギーを使って二酸化炭素をできるだけ出さないようにすることが、気候変動への対策になります。この対策は、食品ロスを減らすことにもなります。2つの目標は、同時に達成できる目標なのです。

食品ロスを減らす

同時の達成をめざす

気候変動をおさえる

教育や技術の目標達成で食品ロスが減らせる!?

4 質の高い教育をみんなに

多くの人に高い教育を

→ 効果がある →

12 つくる責任つかう責任

食品ロスを減らす

知識と能力を得て、食品ロスを減らす ●●●●●●●●●●

SDGsがめざす「持続可能な社会」を達成するためには、多くの人が知識や技術を身につけることが欠かせません。しかし、世界にはじゅうぶんな教育を受けられない人がたくさんいます。「質の高い教育をみんなに」という目標を達成することで、食品ロスへの理解が深まり、食品ロスを減らす行動をとれるようになるはずです。

開発途上国の子どもたちのために、学びの環境を整える支援が行われています。

写真提供:今村健志朗 / JICA

コスタリカの小学校。日本の青年海外協力隊の支援により、環境教育の授業が行われている。

学校給食プロジェクト

世界には、じゅうぶんな栄養がとれない子どもたちがたくさんいます。また、貧しさから学校に通えない子どももいます。そんな子どもたちのために、学校給食を提供することで、子どもたちの栄養状態をよくし、学校に通いやすくするプロジェクトがあります。子どもたちが学校に通い、教育を受けることが、貧しさからぬけだす支援になります。また、このような経験をした子どもたちは、大人になったとき、食べ物を粗末にはしないでしょう。

WFP/Ratanak Leng

学校給食を食べる子どもたち(カンボジア)。

SDGsの4「質の高い教育をみんなに」や、9「産業と技術革新の基盤をつくろう」を達成することで、食品ロスを減らすことができます。知識や技能を身につけることや、産業・技術の向上によって、食品ロスへの意識が高まり、その削減に向けた効果的な活動にもつながります。

産業や技術を
向上させる

効果がある

食品ロスを
減らす

産業や技術の向上が、食品ロスを減らす ●●●●●●●●●

　産業や技術が発達し、食料を必要な量だけ効率よく運んだり、食品を長く保存しておける技術が進めば、食品ロスを減らすことができます。
　また、開発途上国でも、食料を計画的に生産したり、効率的に運搬できるようになれば、つくりすぎなどにより、せっかく生産した食料が傷んだり、くさったりすることが減ります。
　「産業や技術の向上」が、食品ロスを減らすことにつながるのです。

食品の保存技術の向上

　肉や魚、野菜などは、そのままにしておけば、じきに食べられなくなってしまいます。人類は、食料をできるだけ長く保存するために、いろいろな方法を考えてきました。干物のように乾燥させたり、梅干のように塩づけにするのもそのひとつです。その後、かんづめ、冷凍食品、レトルト食品なども開発されました。このような技術の進歩をへて、長期間食料を保存したり、安定した食事ができるようになったのです。

保存食品の例

干物

梅干

かんづめ

食品ロスと飢餓の関係を考えよう

食品ロスを減らす

12 つくる責任 つかう責任

効果がある →

2 飢餓をゼロに

栄養不足の人をなくす

世界で約8億人が栄養不足に！

開発途上国を中心に、世界じゅうで約8億人、全人口の9人に1人が、食べ物をじゅうぶんにとれず、栄養不足だと言われています。

世界全体で1年間に捨てられている食料は約13億トン、日本の食品ロスは約643万トン。先進国を中心に多くの食料が捨てられているため、食べ物が必要な地域にいきわたらないとも考えられます。

世界で1年間に捨てられている食料は約13億トン

日本の食品ロスは1年間で約643万トン

食品ロスを減らせば飢餓を減らせるかも!?

食料がじゅうぶんでなく、栄養不足の人が多い地域には、国際連合（国連）の食料支援機関である国連WFPが食料を支援していますが、その量は年間約390万トンです。これは、日本の年間の食品ロスの約6割です。私たちが食品ロスを減らし、その分の食料が必要なところにわたれば、栄養不足を解決できるかもしれません。

国連WFPの食料支援量は約390万トン

栄養不足の地域への国連WFPの食料支援。アフリカやアジアの国々を中心に活動が行われている。

外務省HPより(https://www.mofa.go.jp/mofaj/gaiko/oda/shiryo/hakusyo/04_hakusho/ODA2004/html/honpen/hp202030304.htm)

食品ロスを減らすことは、SDGsの2「飢餓をゼロに」の目標達成にも効果があります。日本国内で1年間に出る食品ロスは約643万トン。一方、国連WFPが開発途上国などへ送る食料支援量は、その6割ほどの約390万トン。かぎられた国や地域への食料の集中がおさえられれば、飢餓を減らすことにつながります。

※国連WFPとは、国連機関の国連世界食糧計画（WFP）と、それを支援する認定NPO法人の国連WFP協会という2団体をさす。

国連WFP協会のゼロハンガーチャレンジ

認定NPO法人国連WFP協会は、2019年に、飢餓ゼロに向けたキャンペーン「ゼロハンガーチャレンジ for AFRICA」を行いました。このキャンペーンは、野菜の切れはしや皮など、家庭で捨ててしまいがちな食材を使った料理の写真をインスタグラムやツイッター、フェイスブックに投稿すると、1回の投稿につき120円が、協力企業から国連WFP協会に寄付され、アフリカでの学校給食支援に使われるというしくみです。食品ロスを減らすとともに、開発途上国への食料や教育の支援にもなります。

ゼロハンガーチャレンジのしくみを知らせるサイト（上）と、投稿された料理の写真（右）。このキャンペーンでは、著名人からも多くの投稿があった。

認定NPO法人国連WFP協会

食べ物のことをよく知ることで食品ロスを減らせる!?

　ここまでは、SDGsと食品ロスの関係について見てきました。食品ロスを減らすために、みなさんにもできることがあるはずです。どんなことができるかを考えるためには、食べ物や食事についてもよく知ることが大切です。

　次のページから、食べ物について調べてみましょう。

食べ物についてよく知ろう！

食べ物はどこからくるの？

生産者から家庭まで

田畑で育った米や野菜、漁などでとられた魚介、牧場で飼育された家畜などは、各地の卸売市場などをへて、食品をつくる会社や小売店、飲食店などに届けられます。

食品ロスは、これらの流れのあらゆる場所で生まれています。どんな場所で生まれているのか、見てみましょう。

農業・漁業・畜産業など

農家では、田畑をたがやして、米や野菜、くだものなどを栽培している。生産された農作物は農協（農業協同組合）を通じて出荷されることが多い。

漁などにより魚介類をとったり、養殖で育てたりする水産業。漁協（漁業協同組合）を通じて出荷される。

牧場などでは、牛やブタ、ニワトリなどを飼育して、肉や卵、牛乳などを生産している。

林業では、シイタケなどのきのこ類を栽培したり、タケノコなどをとったりしている。

毎日食べている米や野菜、魚や肉などは、どのような経路をたどって私たちの食卓にやってくるのでしょうか。農業や漁業にたずさわる人たちの手から、私たちの家庭に届くまでの流れについて考えてみましょう。

卸売市場

野菜や魚介類、食肉は、卸売市場などを通じて、食品をつくる会社や小売店などに運ばれていく。

業務用野菜のツカサ

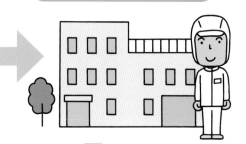

食品をつくる会社

飲食店など

食品を売る店

学校・職場など

家庭

考えよう!

・食べ物を生産する人は増えている？　減っている？　その理由は？
・生産された食品は、どうやって新鮮なまま運ばれているのかな？
・加工される食品にはどのようなものがある？　何を材料にしてつくられているのかな？

17

日本の食料の多くは海外から

海外からやってくる食料

日本で消費される食料のうち、国内で生産される割合（食料自給率）は、約37%です。残りの約63%は、世界各地から輸入されています。食べ物を捨てることは、わざわざ遠くから運んできた食品をむだにしていることになります。

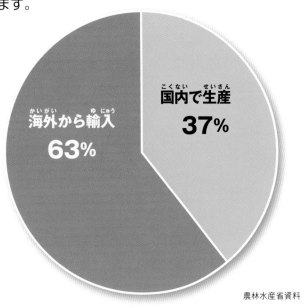

国内で生産 **37%**

海外から輸入 **63%**

農林水産省資料

おもな食料の輸入先（2018年）

ノルウェー
魚介類

デンマーク
肉類

スペイン
肉類

イタリア
野菜

南アフリカ共和国
とうもろこし

「日本国勢図会」

食料の輸入は"水"の輸入

農作物の栽培や家畜の飼育には水が必要です。食料を大量に輸入している日本は、世界じゅうからぼう大な量の"水"（バーチャル・ウォーターといいます）を輸入しているのと同じことです。そのため、食料生産地で水不足になることもあります。

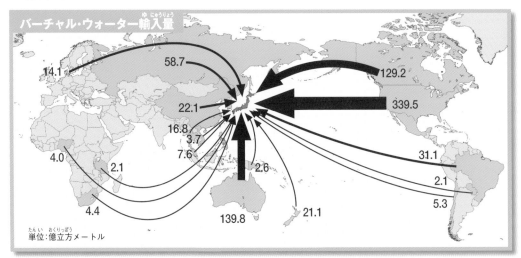

バーチャル・ウォーター輸入量

14.1
58.7
129.2
22.1
339.5
16.8
3.7
7.6
31.1
4.0
2.1
2.6
2.1
4.4
139.8
21.1
5.3

単位：億立方メートル

平成25年版　環境・循環型社会・生物多様性白書、環境省

私たちの毎日の食事には、世界各地から輸入された食材が多く使われています。食料自給率が低く、たくさんの食べ物を海外からの輸入にたよっている日本は、資源や環境の面からも、地球に負担をかけていることになります。

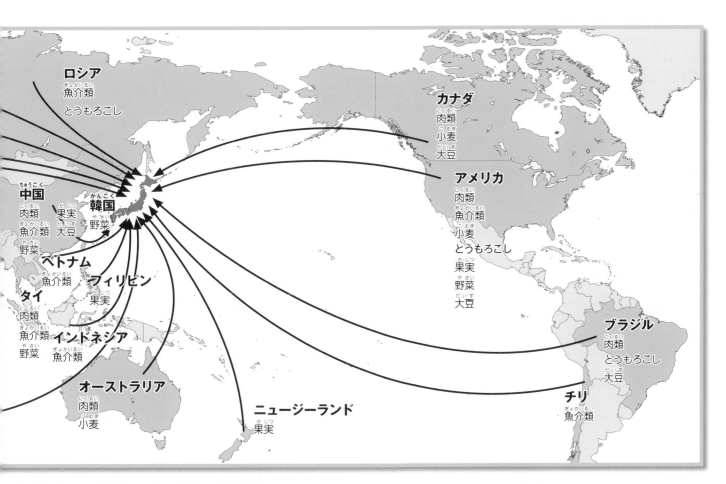

食料の輸入が環境に影響

　海外から食料を運ぶときに二酸化炭素が発生します。輸入する食料の重さと移動きょりをかけたものをフード・マイレージといい、高いほど多くの二酸化炭素を発生させ、環境に影響をあたえます。

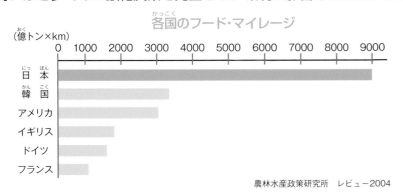

各国のフード・マイレージ

考えよう！

・日本の食料自給率はどうして低いのかな？

・食料自給率を上げるにはどうしたらいいかな？

・日本がバーチャル・ウォーターを大量に輸入すると、どんな影響があるのかな？

食べ物がおいしい時期はいつ？

食品にはおいしい時期がある

　自然の中で育てた野菜やくだものがとれる時期、魚がたくさんとれる時期を、その食べ物の「旬」といいます。それぞれの食べ物がもっともおいしくなる時期なので、旬の食材を知って、季節を味わいましょう。

旬の食材を食べる利点

　旬の食材の特徴は、栄養を多くふくんでいることです。たくさんとれることで値段も下がるので、毎日の食事に取り入れやすくなります。体によいものを、おいしく安く食べられるのが、「旬」のよいところです。

栄養が豊富

同じ食べ物でも、旬の時期はふくまれる栄養分が増え、体のためにもなります。

安く食べられる

たくさんとれる旬の食べ物は、出回る量も多いので、値段が安くなります。

エネルギーを少なくできる

食べ物の生産に自然の力を使うので、エネルギーの使用が減ります。

春

サワラ

ニシン

アスパラガス

ハマグリ

タケノコ

キャベツ

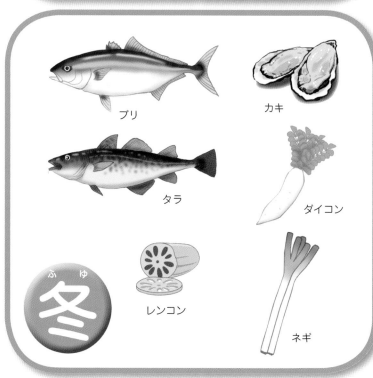

ブリ

カキ

タラ

ダイコン

レンコン

冬

ネギ

野菜やくだもの、魚介類などの食べ物には、それぞれ「旬」があります。旬とは、自然の中でその食べ物が豊富にとれる時期のことで、栄養がたくさんあり、味がよいのが特徴です。また、たくさん出回ることで値段が安くなります。季節ごとの旬の食べ物を見てみましょう。

夏

カツオ

アユ

アジ

ナス

カボチャ

キュウリ

ピーマン

トマト

サケ

ウナギ

サンマ

サツマイモ

ニンジン

リンゴ

秋

サトイモ

1年じゅう食材があるのはなぜ？

　現在では、野菜やくだものなど、1年じゅう出回っている食材も多くあります。温かいビニールハウスなどで、旬よりも早くつくる促成栽培や、すずしい気候を利用して旬よりもおそくつくる抑制栽培が行われているためです。外国から輸入される食べ物もあります。

ビニールハウスなどで促成栽培が行われている。旬の時期からずらすことで、高い値段で売ることができる。

考えよう！

・1年じゅう、たくさんの種類の食べ物が売り場に並ぶのはなぜ？
・旬の食べ物を中心にすると、献立はどう変わる？
・どんな食材を見ると季節を感じるかな？

食べ物の栄養を知ろう

食べ物にふくまれる栄養素

　食べ物は、おもにふくまれる栄養素によって、6つのグループに分けることができます。

　下の図の1はたんぱく質、2はカルシウムを多くふくみ、体をつくるもとになります。3はカロテン、4はビタミンCやカルシウムを多くふくみ、体の調子を整えます。5は炭水化物を、6は脂質を多くふくみ、エネルギーのもとになります。

おもにエネルギーのもとになる食品

おもに体をつくるもとになる食品

おもに体の調子を整えるもとになる食品

マヨネーズ
ごま油
油
バター
ドレッシング
ごはん
パン
砂糖
サツマイモ
ジャガイモ
キュウリ
ミカン
バナナ
タマネギ
キャベツ
トマト
ピーマン
ホウレンソウ
ニンジン
カボチャ
肉
卵
とうふ
魚
みそ
牛乳
ノリ
ワカメ
チーズ
小魚

6 1
5 2
4 3

私たちは、毎日の食事から体に必要な栄養をとっています。食べ物にふくまれる栄養素は、体をつくる、体を動かす、体の調子を整えるといったはたらきがあります。成長や健康のためには、食事からバランスよく食べ物の栄養をとることが欠かせません。

バランスのとれた食事

　栄養素をバランスよく取り入れられるように、毎日の献立を考えることが大切です。主食（ごはんやパン、めんなど）、主菜（肉や魚などのおかず）、副菜（サラダやあえ物など）、しる物（みそしるなど）でたくさんの食材をとるようにすると、バランスも整います。

朝食

副菜　主菜

主食　しる物

昼食

夕食

規則正しい食生活を

　食事は1日3回、朝食、昼食、夕食を規則正しくとることが大切です。たとえば、朝食をぬくと午前中の活動に必要なエネルギーがたりなくなります。よい食生活の習慣を身につければ、体を健康に保ち、病気の予防にも役立ちます。また、生活のリズムが整い、早寝早起きの習慣もつきます。

考えよう！

・栄養素がバランスよくとれる献立を考えてみましょう。
・好きなものばかり食べていたら、体はどうなるでしょう。
・砂糖や塩分をとりすぎると、体にどんな影響があるかな？

23

和食のよさを知ろう

日本の伝統的な食生活

古くから日本で食べられてきた食事の基本は、一汁三菜。主食のごはんとしる物、おかずを2、3種類組み合わせた食事です。季節ごとに多様な食材が使われ、栄養バランスがとりやすく、健康的な食生活が送れるのが特徴です。

副菜
主菜
主食
しる物

一汁三菜の食事の例。

魚介類を多くとる

海に囲まれた日本の食事には、魚介類が多く使われます。魚の脂には、脳の発達を促進するDHAや高血圧などを予防するEPAが、身には、たんぱく質やカルシウムやビタミンなどの栄養素が豊富です。

魚料理の例。

食物繊維を多くとる

ワカメやコンブなど、食物繊維が多い海藻類をとるのが和食の特徴です。ほかにも、きのこ類や豆類、いもなどの野菜には食物繊維が豊富で、便通をよくし、糖質の吸収をおだやかにして、肥満を防ぎます。

食物繊維を多くふくむワカメやひじき。

変わってきた食生活

1960年代から日本人の食生活が変化しました。洋食が多く取り入れられるようになり、肉を食べることが増えました。しる物や副菜が少なくなり、食物繊維をとる機会が減る一方で、脂質をとる量が多くなり、肥満や動脈硬化症などの生活習慣病が増える傾向にあります。

「和食；日本人の伝統的な食文化」が、2013年にユネスコの無形文化遺産に登録されました。伝統的な日本料理は、季節や年中行事、地域とのかかわりが深く、栄養のバランスに優れているなど、さまざまな特徴があります。

無形文化遺産に登録された和食

「自然を尊重する」という日本人の気質にもとづいた「食」に関する「習わし」が、ユネスコの無形文化遺産に登録されました。一方で食生活の変化が進み、米の消費量が減ったり、行事食を食べる機会が減ったりしています。料理としてだけでなく、文化としての和食が、長く将来に引きつがれていくことが求められています。

食材の持ち味をいかす

海に囲まれ、山、里と豊かな自然が広がる日本は、各地で地域に根ざした、新鮮で多様な食材が使われています。また、その食材の味わいをいかす調理の技術や道具が発達していて、古くから伝わる郷土料理が豊富です。

素材の持ち味をいかしたさしみ。

健康的な栄養をふくむ

かつおぶしやコンブ、干ししいたけなどからとっただしの「うま味」をじょうずに使った和食は、動物性油脂が少なくてもおいしい料理になるよう工夫されています。このような食生活は、日本人の長寿を支え、肥満を防ぐのに役立っています。

うま味を多くふくむ食品

タイ　　　イワシ
かつおぶし
コンブ
緑茶　　干ししいたけ

自然の美しさや季節感を重視

四季のある日本では、季節ごとに旬の食材を使い、料理に合わせた器を選ぶなど、季節感を大切にしています。花や葉で料理を飾りつけるなど、四季それぞれの自然の美しさを、食事を通じて楽しむ文化が根づいています。

桃の節句の
食事の例。

年中行事とかかわりが深い

日本の食文化は、年中行事と深く結びついています。正月のおせち料理、桃の節句のちらし寿司、大みそかの年こしそばなど、特別な食事を囲み、自然のめぐみを分け合うことで、家族のつながりを大切にしてきました。

正月に用意されるおせち料理。

地産地消がおすすめ

地産地消とは？

　地産地消とは、食べ物がつくられた場所で消費することです。地域でとれた野菜やくだもの、魚介類を、その地域の人たちが消費すれば、栄養価が高い旬の食材を、より新鮮な状態でおいしく食べることができます。

　また、遠くまで運ばなくてすむので、運ぶためのエネルギーもおさえられ、輸送ちゅうに排出するガスも少なくなり、環境への負荷も減らせます。

地域でとれた食材をあつかうコーナー。　　　やまがたアグリネット

生産者と消費者が近い

　いつ、どこで、だれが、どのように生産した食べ物なのかがわかりやすいので、安心して買うことができます。

　生産者から消費者へ食べ物が届く時間も距離も短いので、新鮮な食べ物が手に入ります。

エネルギー使用を減らせる

　地産地消なら、遠くまで輸送する場合にくらべて、燃料を節約でき、環境への負担を減らせます。また、輸送にかかる費用が減り、生産者の利益が増えるなど、よいことが多いのです。

給食でも地産地消

　学校給食に地産地消を取り入れている地域もあります。地域でどんなものがつくられているかを子どもたちが知り、また、古くから食べられている郷土料理を伝えるのにもよい機会になっています。

輪島市立河井小学校
石川県輪島市の河井小学校の給食には、地元でとれたカニが出ることがある。

上山市農林夢づくり課
山形県上山市の小学校の給食。紅花ごはん、いも煮などの郷土料理が出る。

地産地消とは、ある地域で生産された食材を、その地域で消費することです。新鮮な食材を使った料理をおいしく食べられることや、地域の伝統的な食文化を守ることにつながるなど、よい面がたくさんあります。

地域に根ざした郷土料理

日本には、各地にその地域ならではの食材をいかした郷土料理があります。郷土料理を伝えることは、地域の文化を守り、将来へとつなげていくことでもあります。

秋田県　きりたんぽ鍋

青森県　じゃっぱ汁

京都府　にしんそば

石川県　治部煮

栃木県　しもつかれ

岡山県　ままかりずし

大分県　やせうま

高知県　カツオのたたき

沖縄県　ゴーヤーチャンプルー

食品ロスを減らすためにできることは？

3巻ではここまで、食品ロスとSDGsのかかわりや、私たちの身のまわりの食べ物のことについて調べてきました。ここから先はあらためて、食品ロスを減らすために、私たちにどんなことができるか考えてみましょう。

いっしょに考えよう。

食べ物を捨てない工夫
～買い物・保存で

買い物のときのちょっとした工夫

私たちは、ふだん食べ物を手に入れたいときには、小売店やスーパーマーケットなどで買い物をします。食材を買うときにほんの少し気をつけるだけで、食品ロスを防ぐことができます。

自分が買い物するとき

店で商品をつい買ってしまい、後で、それほどほしくなかったと後かいすることがあります。買うときには、本当にほしいものかどうか、じっくり考えましょう。

お菓子などを買って、食べはじめると止まらなくなってしまうことがあります。今買ってしまうと、おなかがいっぱいになって、食事が食べられなくならないかを考えましょう。

ふくろ入りの食品の場合、1つのふくろに全部入っていると、食べすぎてしまいがちです。小分けになっていれば、食べすぎを防げ、保存できるので、食品ロスにもなりません。

家の人と買い物するとき

家にあるものを、それに気づかず、また買ってしまうことがあります。買い物に行く前に冷蔵庫をチェックして、残っている食材をメモし、余計に買わないようにしましょう。

スーパーマーケットなどで、一度にまとめて買い物をするときには、買ったことを忘れてしまったり、食べきれなくならないよう、計画的に買いましょう。

同じ商品なら、賞味期限の長いものをつい選びがちですが、すぐに使うものであれば、賞味期限の近いものから買うことで、小売店などでの食品ロスが減らせます。

家庭から出る食品ロスは、年間約291万トンで、食品ロス全体の半分近くをしめています。家庭での食品ロスを減らすにはどうすればよいでしょうか。これまで調べてきたことをふまえて、より役に立つ方法をみんなで考えていきましょう。

保存のときのちょっとした工夫

　家庭から出る食品ロスは、保存のしかたを工夫することで、量を減らすことができます。なるべく長く保存できるように工夫して、計画的に使っていくことが、食品ロスを減らすことにつながります。

適切な保存のしかたや保存できる期間は、食材や料理によってちがいます。それぞれの食材や料理の正しい保存方法について知っておきましょう。

冷蔵庫のおくにしまったまま、食べ忘れてしまうことがあります。冷蔵庫に入れるときに、賞味期限や消費期限が近いものを手前に置くようにしましょう。

食べきれなかった食材や料理を冷凍する場合は、保存したことを忘れないように、日付けを書き入れたり、置く場所を決めておくと便利です。

定期的に、冷蔵庫や冷凍庫の中を見て、早めに使ったほうがよいものがないか、チェックしましょう。冷蔵庫の残り物を使いきる日を決めてもよいでしょう。

フードドライブに協力しよう

　家庭で余っている食べ物を学校や職場などに持ち寄り、それらをまとめて地域の福祉施設やフードバンク（食品の収集、保管、配布をする団体）などに寄付する活動を、フードドライブといいます。賞味期限が近くなってきて食べきれない食品は、フードバンクなどに寄付することも考えましょう。生協や地方公共団体が窓口になっていることもあるので調べてみましょう。

フードドライブの活動を告知するサイト。

食べ物を捨てない工夫
～調理・食事で

調理のときのちょっとした工夫

食材を使って家庭で料理をするときにも、食品ロスを減らすための工夫ができます。食品ロスだけでなく、家から出るごみの量も減らすことができます。

献立を考えるときは、残っている食材や、消費期限が近い食材から使うようにしましょう。その食材でどんな料理ができるかを調べてみるのもよいでしょう。

こっちから使おう！

料理をつくるときには、家族で食べきれる分だけつくるようにすると、食品ロスを防げます。多くつくりすぎないように、食材の量を考えましょう。

これくらいでいいよね

多めに下ごしらえをした場合は、先に保存分を取りわけましょう。ハンバーグなどは、焼いてからより、焼く前のほうが保存しやすく、調理後もおいしく食べられます。

味つけを変えるなど、ほかの料理につくりかえがしやすい料理をつくるようにするのもよい方法です。いろいろな味が楽しめるので、一石二鳥です。

食材をむだにしないレシピ

ダイコンやニンジンの皮や、ブロッコリーのくきなど、捨ててしまいがちな部分も、調理のしかたしだいで食べられ、ごみを減らすことができます。
消費者庁のサイトでは、食材をじょうずに使う料理のつくり方をしょうかいしているので、参考にするとよいでしょう。

消費者庁のキッチン。
https://cookpad.com/kitchen/10421939

買い物や保存のときだけでなく、毎日の料理や食事からも食品ロスが生まれています。ここでしょうかいしたこと以外にも、みなさんにできることはないか、家や学校などで話し合ってみましょう。

食事のときのちょっとした工夫

楽しく食事をしながら、食品ロスを減らすことにも気をつけられるとよいですね。家での食事や学校での給食のときにできる工夫を考えてみましょう。

家での食事

食事にじゅうぶんな時間をかけられないことは、食べ残しの原因になります。とくに朝食は、健康のためにもゆっくり食べられるよう、早起きしましょう。

自分が食べられる量を、ふだんから知っておくことで、食べ残しを減らせます。たとえ好きなものでも、食べられる分だけを取るようにしましょう。

成長や健康のためにも、好ききらいなく、いろんな料理を食べるようにしましょう。きらいだと思っているものでも、意外においしく食べられるかもしれません。

学校の給食で

配膳のしかたなどを工夫して、準備にかかる時間を短くしましょう。食べる時間がじゅうぶんにとれ、食べ残しを減らすことができます。

給食では、児童や生徒の成長に合った量が決まっています。食べきれず、残してしまう前に、あとひと口、がんばって食べてみましょう。

その日の体調によっても、食べられる量がちがうことがあります。食べられそうな量だけ配膳してもらうようにしましょう。

へらして…

食べ物を捨てない工夫
～外食で

外食のときのちょっとした工夫

家族で外食したときなどの食べ残しは、飲食店やレストランから出る食品ロスになります。料理への感謝の気持ちを持ち、できるだけ食べ残しが出ないように心がけましょう。家族とも話し合ってみるとよいですね。

食品ロス削減に積極的な飲食店やレストランがあります。近くにあれば、そういう店を選ぶのもよいでしょう。

食事の内容や量をたしかめましょう。食べられないものが入っていないか、食べきれない量ではないか、注文する前に確認しましょう。

好きなものを好きなだけ取れるビュッフェ形式の店では、一度に多くの量を取りがちです。食べられる分だけ、少しずつ取るようにしましょう。

食事時間があらかじめ決まっている場合、話に夢中になって食べる時間がなくなってしまうことも。食事に集中する時間をもうけましょう。

食べ残しNOゲーム

外食のときに出る食べ残しをテーマにしたカードゲームが登場しました。プレーヤーは飲食店の店主になって、利益を出しながら、食べ残しをどう減らすかを競い合う内容になっています。
小学6年生が考案したゲームです。

http://www.tabenokoshi.jp/　　未来価値創造大学校

楽しく遊びながら食品ロスを学べる「食べ残しNOゲーム」。

最近では、食品ロスを減らすために、食べ残しを持ち帰ってもらうよう、積極的なはたらきかけをしている飲食店やレストランも増えてきました。外食をしたときなどに、食品ロスを生まないためにはどうしたらいいか、考えてみましょう。

ドギーバッグで持ち帰ろう

飲食店で食べきれなかった分を持ち帰ることは、食品ロスを減らすことになります。持ち帰ってもよいか店の人に確認して、自分の責任で持ち帰りましょう。その場合、洗ってくり返し使えるドギーバッグを用意しておくと便利です。食中毒にはくれぐれも注意しましょう。

組み立て式のドギーバッグ。

持ち帰りたい料理を入れる。

ゴムをかけて、ふたが開かないようにする。

自己責任で料理の持ち帰りをしたいことを伝えるカード。

持ち帰るときの注意点

食べ残しを持ち帰るときは、料理がこぼれたり、傷んだりしないよう注意が必要です。しるけのあるものはさける、容器には料理がさめてから入れるなどを心がけましょう。また、寄り道せずまっすぐ帰り、持ち帰る途中でも、温度の高い所には置かないようにしましょう。

持ち帰ってからの注意点

家に持ち帰った食品を食べるときには、食中毒を起こさないよう、じゅうぶんに注意しましょう。

保存方法に気をつけ、できるだけ早く食べましょう。

少しでも問題がありそうな場合は、無理に食べず、捨てる判断をすることも大切です。

食べられるかな…

注意しよう！

食べ残しの持ち帰りをした場合、店を出てからの責任は持ち帰った人のほうにあります。食中毒が起きないよう、持ち帰り方に気をつけ、持ち帰ってからも子どもだけで判断せず、必ずおうちの人に確認してもらってから食べましょう。

「食」は一人ひとりの問題

「食」について関心を持とう

私たちのだれ一人として、「食」とかかわらずに生きていくことはできません。まずは「食」について関心を持ち、情報を取り入れることが大切です。

とくに成長期にあるみなさんにとって、正しい食生活を送ることは、健全な発育や健康の面からもとても重要です。

だれもが食品ロスを生んでいる

食品ロスの問題は、けっしてひとごとではありません。だれもが食品ロスを生んでいます。直接的にではなくても、私たちの食についての考え方が食品ロスの原因になっていることもあります。

ふだんの生活の中で、食品ロスを出していないかふり返るとともに、社会のしくみなど、変えていったほうがよいと思うことを考えてみましょう。

必要な「便利さ」かを考えよう

食品ロスが生まれる背景に、私たちが「便利さ」を追い求めすぎているということがあるのではないでしょうか。24時間365日、いつでも食品を買えること。世界各地の食材が手に入ること。食品を売る店などに、いつでも豊富な食べ物があること。それらを少し見直していくだけで、食品ロスが減らせるかもしれません。

食べ物への感謝の気持ちを

私たちが食べている食材は、ほぼすべて、動植物の"いのち"です。また、私たちが食事ができるのは、食材を生産した人、運んだ人、売買にかかわった人、調理した人など、多くの人のおかげです。

自然からのめぐみと、多くの人への感謝の気持ちを持つことで、食品ロスを減らすことにつながるのではないでしょうか。

「食」の問題は、みんなの問題です。これまでいろいろな面から食品ロスについて調べてきました。食品ロスについて考えることは、地球にくらす人々、みんなのことを考えることでもあります。そして、その考えたことを、私たち一人ひとりが行動にうつしていくことが大切です。

それぞれの立場で「食」を考える

たくさんの人が「食」にかかわっています。それぞれの立場でほんの少し、食べ物への意識が変わるだけで、食品ロスはきっと減っていくはずです。

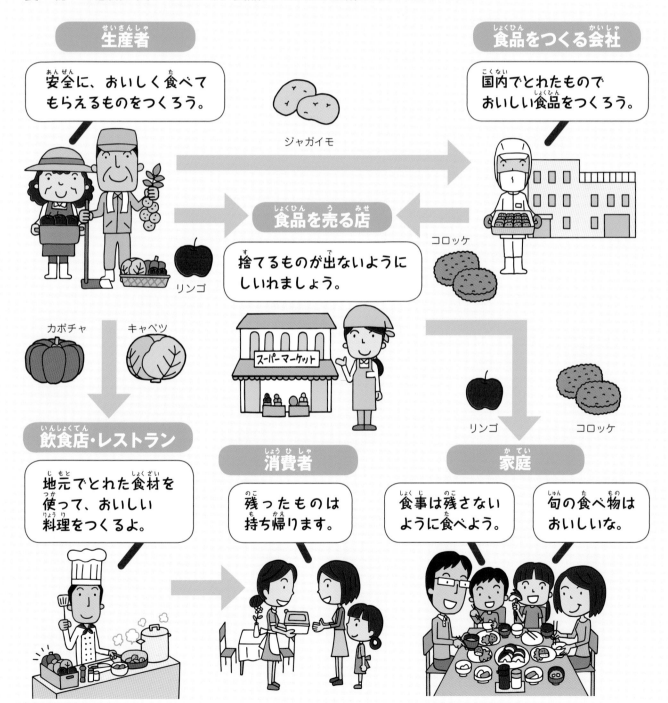

食べ物を捨てない工夫

SDGsと食品ロス ●●●●●●●●●●●●●

「食品ロスを減らす」という目標は、ほかの目標と深くかかわっている

13 気候変動に具体的な対策を

8 働きがいも経済成長も

同時の達成をめざす

同時の達成をめざす

2 飢餓をゼロに

効果がある

12 つくる責任つかう責任

食料の廃棄を半減させる。
食品ロスを減少させる。

12 つくる責任つかう責任

同時の達成をめざす

4 質の高い教育をみんなに

効果がある

効果がある

9 産業と技術革新の基盤をつくろう

効果がある

17 パートナーシップで目標を達成しよう

食べ物のことを知る ●●●●●●●●●●●●●

輸入が多い日本の食料

海外から輸入 63%

国内で生産 37%

食べ物の栄養

おもにエネルギーのもとになる食品

おもに体をつくるもとになる食品

おもに体の調子を整えるもとになる食品

ごま油
マヨネーズ
バター
ドレッシング
ごはん
パン
砂糖
ジャガイモ
サツマイモ
ミカン
バナナ
キュウリ
タマネギ
キャベツ
ニンジン
カボチャ
ホウレンソウ
トマト
ピーマン
肉
卵
魚
とうふ
みそ
牛乳
ノリ
ワカメ
チーズ
小魚

6 1
5 2
4 3

和食のよさ

・魚介類が多い
・食物繊維をとれる

地産地消

・新鮮な食べ物が手に入る
・エネルギーを少なくできる

食べ物を捨てないために ●●●●●●●●●●●●●●

買い物・保存で

買い物でも
工夫できる

あっ…

長く保存で
き、使いや
すい方法で

調理・食事で

食材をむだに
しない調理

これくらいで
いいよね

家での食事
や給食でも
工夫を

外食で

食べ残しが少な
くなる食べ方を

これくらいで
いいかな♪

ドギーバッグ
を活用

「食」は一人ひとりの問題

みんなの取り組みが食品ロスを減らす

食べ物や食品ロスの
ことがよくわかった
ね。

これからも、食品
ロスを減らすよう
にしよう！

37

さくいん

知ろう！
減らそう！

食品
ロス

③

食べ物を
すてない工夫

監修　小林富雄

2003年、名古屋大学大学院生命農学研究科博士後期課程
修了。農学博士。民間シンクタンク（インダストリ・テク
ノロジ本部）などを経て、2009年、中京学院大学健康栄
養学科准教授。2015年、名古屋市立大学大学院経済学研
究科博士後期課程短期履修コース修了。経済学博士。
2017年、愛知工業大学経営学部経営学科教授。一般社団
法人サスティナブルフードチェーン協議会代表理事、ドギ
ーバッグ普及委員会会長。著書に『食品ロスの経済学』
（農林統計出版）など。

装幀・デザイン　高橋コウイチ（WF）

本文レイアウト　青木朗

編集協力　大悠社

イラスト　川下隆、渡辺潔

写真　PIXTA

2020年4月 7 日　第 1 刷発行
2021年5月20日　第 3 刷発行

監修者　小林富雄
発行者　小峰広一郎
発行所　株式会社 小峰書店
　　　　〒162-0066
　　　　東京都新宿区市谷台町4-15
　　　　電話　03-3357-3521
　　　　FAX　03-3357-1027
　　　　https://www.komineshoten.co.jp/

印刷・製本　株式会社 三秀舎

NDC588　39P　29×22cm
ISBN978-4-338-33603-1
©2020 Komineshoten Printed in Japan